AF314413

LE BIBLIOGRAPHE

Recueil de Notices bibliographiques, philologiques
et littéraires.

PUBLICATION MENSUELLE

SUIVIE D'UN

CATALOGUE DE LIVRES ANCIENS ET MODERNES

En vente aux prix marqués.

N° 1

PARIS : Un an....... 3 fr.
PROVINCE : Un an...... 4 fr.

ÉTRANGER : Un an..... 5 fr.
Les abonnements partent du 15 octobre.

PARIS

Librairie ancienne et moderne

ÉDOUARD ROUVEYRE

6, RUE DES BEAUX-ARTS, 6

1873-1874

ORNEMENTATION USUELLE DE TOUTES LES ÉPOQUES DANS LES ARTS INDUSTRIELS ET EN ARCHITECTURE, par R. Pfnor, 2 vol. gr. in-4, imp. sur papier vélin, titre rouge et noir. Cet ouvrage, publié à 60 fr., est orné de 140 planches, dont 24 en chromolithographie. Texte illustré (le tout en un carton). 25 »

Le même ouvrage, demi-rel. maroq. du Levant non rog. 31 »

ALBUM DE RELIURES ARTISTIQUES ET HISTORIQUES. Recueil de 72 planches, avec notes, par le bibliophile Julien. L'ouvrage complet (4 parties in-fol. br.). 60 »

FOURIER (Le Bienheureux Pierre) et la Lorraine, par Alf. de Besancenet. *Paris*, 1864, in-12, fig., br., non rog. 3 »

Cet ouvrage contient d'intéressants documents sur les démêlés de Richelieu et du bienheureux Fourier, et sur la réunion de la Lorraine à la France. Le volume est accompagné du blason et du portrait de Fourier, d'un tableau généalogique et d'une vue de l'Eglise de Mattaincourt.

LE MANOIR ET LE MONASTÈRE, histoire franc-comtoise du XIVe siècle, par Marcel Tissot, 1 vol. in-18 de 400 pages. 3 »

ORIGINES CHRÉTIENNES DE LA GAULE. Lettres au R. P. Dom Paul Piolin, religieux bénédictin de la congrégation de France, à Solesmes ; en réponse aux objections contre l'introduction du christianisme dans les Gaules aux IIe et IIIe siècles, précédées de lettres sur la nécessité d'un examen intitulé : Monuments inédits sur l'Apostolat de Sainte-Marie-Madeleine en Provence. — Supplément aux lettres du R. P. Dom Paul Piolin, *augmenté* de la Notice des Métropoles et Cités de l'empereur Honorius, présentant le tableau des Eglises des Gaules en l'an 400. *Paris*, 1855-1856. Ensemble 2 vol. in-8, d'ensemble 328 pages, br., neuf. 4 »

EAUX-FORTES PAR A. QUEYROY.

Rues et maisons du *Vieux Blois*, 20 planches in-fol., tirées sur papier vergé. 25 »

Rues et maisons du *Vieux Moulins*, 21 planches in-fol., tirées sur papier vergé. 25 »

Rues et maisons du *Vieux Vendôme*, 18 planches in-fol., tirées sur papier vergé. 25 »

N. B. — Voir, page 7, *le Catalogue des Livres anciens et modernes.*

NOTICES BIBLIOGRAPHIQUES

GUIDE DE L'AMATEUR DE PORCELAINES ET DE POTERIES, ou Collection complète des Marques de Fabriques des Porcelaines et des Poteries de l'Europe et de l'Asie, par le docteur J. A. Graesse, directeur ad intérim du Musée Japonais, directeur du Gruene Gewœlbe à Dresde, conseiller aulique, etc. 4e édition. Dresde, 1873 (*Paris, Ed. Rouveyre*), in-8 de 130 pages.   6 »

> Les produits de la céramique ont attiré, de tout temps, l'attention des amateurs, par leur beauté, leur valeur d'art et le prix qu'on y attache, en vertu de leur rareté. Déjà à une époque bien reculée, on les employait comme objets d'ornements des appartements, et aujourd'hui plus que jamais les amateurs recherchent les pièces de vieux Chine ou de vieux Saxe, etc. Mais, comme il se trouve souvent des pièces dont l'origine et la date ne se laissent distinguer que par les marques ou les monogrammes qu'elles offrent, l'étude de ces signes est devenue indispensable à tous ceux qui s'occupent de cette branche de l'art.
>
> L'ouvrage de M. Th. Graesse, dont la première édition parut en 1864, offre aux amateurs 683 marques de poteries et 635 marques de porcelaines. Classées avec soin et copiées avec la plus grande exactitude, ces marques sont suivies d'une table des noms des artistes et des fabricants et d'une table des noms de fabrique. A la fin du volume on trouve un travail sur la manufacture de porcelaines de Sèvres. (Monogrammes des peintres et décorateurs de Sèvres (150). Table chronologique des dates des porcelaines. Liste des peintres et décorateurs de Sèvres.)
>
> EDRO.

TRIOMPHE DV CORBEAV contenant les propriétés, perfections, raretés et vertus souueraines avec les significations des mysteres relevés de nostre foy, et le Triomphe du Monarque Lorrain remettant par favorable presage le sceptre de Judée en l'Auguste maison de ses Deuanciers. Faict par Messire Anthoine Uzier, curé à Enuille au Parc Commingeois. A Nancy, en l'Hostel de Ville, par Jacob Garnich, Imprimeur Juré ord. de son Alt. 1619. In-8 de xiv et 140 pages. Réimprimé et tiré à petit nombre, imprimé avec soin, orné de fleurons, vi-

gnettes, etc. Cartonn. Bradel non rogné, couverture gravée.
Exemplaire en petit papier de Hollande.   5 »
—   —   grand papier de Hollande.   7 50

Ce livre original a toujours été porté par les bibliophiles, et dans ces der-
niers temps, à un prix fort élevé. D'une excessive rareté, ni l'abbé Bexon,
ni Chevrier, dans leurs notices sur les écrivains Lorrains, ne mention-
nent Uzier et son ouvrage, dont, sans doute, par cette raison, ils n'a-
vaient pas eu connaissance intime; certes, le satirique et virulent auteur
de la réfutation de la *Bibliothèque Lorraine* ne se serait pas refusé le
plaisir d'attaquer le savant bénédictin, qui cite honorablement le
susceptible curé, s'il avait pu rencontrer ce volume. D'une condi-
tion matérielle véritablement supérieure, cette nouvelle édition,
reproduite page pour page, avec la scrupuleuse attention imita-
trice sur l'ancienne, jusqu'en ses moindres dispositions, fleurons,
vignettes ou ornements, dans une ville qui a de beaux souvenirs typo-
graphiques, est donc un réel présent fait aux curieux. Le nombre très-
restreint des exemplaires, garantissant une certaine valeur vénale, leur
permet de partager l'estime quelle qu'elle soit, accordée à leurs vieux
devanciers. De nos jours, où volontiers on retourne vers nos âges littéraires, le *Triomphe dv Corbeav* ne sera pas consulté sans fruit, dans un
examen de la marche progressive des facultés de l'esprit humain. Un
texte, des raisonnements étranges, un rapprochement des choses les
plus disparates, le sens mystique qui se révèle à chaque feuillet, ce
mystérieux pressentiment d'une élévation future aux plus hautes desti-
nées, de la Maison de Lorraine, ont fait rester ce livre et le conserveront,
« au moins pour le temoignage de son temps, » comme a dit Claude
Fauchet, d'ouvrages dédaignés. Peut-être conviendrons-nous aussi avec
notre auteur et en sa faveur, « qu'il n'y a rien de quoy ne puissions
nous preualoir de beaucoup pour nostre instruction, si nous le voulons
interpréter en son naïf et vray sens. »

J. CAYON.

JOURNAL HISTORIQUE DE PIERRE ET PARDOUX DE JARRIGE,

viguiers de la ville de Saint-Yrieix, annoté et publié par
H.-B. de Montégut. Beau vol. in-8, impr. à 200 exemplaires
avec titre rouge et noir.   3 50

Ce journal historique, inédit jusqu'à ce jour, comprend le récit de toutes
nos guerres de religion au xv* siècle. Il est surtout intéressant pour les
provinces du Poitou, de l'Angoumois, du Limousin, du Périgord, de la
Saintonge, de la Guyenne et du Languedoc. Voici les principaux faits
qui y sont mentionnés : Première guerre civile, 1562. — Première célé-
bration de la Cène en Limousin. — Bataille de Vergt, de Dreux. —
Mort du duc de Guise. — Première paix, 1563. — Deuxième guerre
civile, 1567. — Bataille de Saint-Denis. — Deuxième paix, 1568. —
Troisième guerre civile. — Siége et prise d'Angoulême. — Défaite des
Provençaux à Mensignac. — Bataille de Jarnac, 1569. — Expédition
de Wolfang de Bavière, duc des Deux-Ponts, et sa mort à Nexon, avec
détails inédits. — Prise et sac de Saint-Yrieix. — Séjour de Henri IV
à Saint-Yrieix, inconnu jusqu'à ce jour de tous les historiens. — Escar-
mouches de Laroche-Labeille. — Premières armes de Henri IV. —
Siége de Poitiers. — Bataille de Moncontour. — Prise de Niort et de
Saint-Jean-d'Angély. — Troisième paix, 1570. — Saint-Barthélemy,
1572. — Quatrième guerre civile, 1573. — Siége de La Rochelle, de
Sancerre et de Caussade. — Election du duc d'Anjou comme roi de
Pologne. Quatrième paix. — Biron, gouverneur de La Rochelle, grande
famine. — Révolte des Provençaux; prise de Narbonne et de Marseille,

1574. — Sédition à La Rochelle. — Surprise de la ville de Sarlat en Périgord.

En outre, dans un intervalle de près de trente ans, Gienc et après lui son fils Pardoux de Jarrige ont noté consciencieusement le cours de toutes les denrées, depuis le blé jusqu'aux châtaignes, depuis le vin jusqu'à l'huile. Le prix du foin, du fer, du sel, même de la charretée de bois, châtaignier et chêne, sont constatés avec soin. Chacun des prix du temps est accompagné d'une note explicative donnant la valeur réelle des denrées au taux actuel de l'argent.

Comme complément indispensable à cet ouvrage, M. H.-B. de Montégut a disposé à la fin du volume un « Index des noms d'hommes et de lieux. »

Edro.

RÉIMPRESSIONS DE CURIOSITÉS BIBLIOGRAPHIQUES

ELEGIES DE LA BELLE FILLE LAMENTANT SA VIRGINITÉ PERDUE, *auec plusieurs Epistres, Epigrámes, instructions et*

traductions morales, composées par Ferry Julyot, *de la Cité impériale de Bezanson*. Réimpression complète, publiée d'après l'édition originale de 1557, avec notice, éclaircissements et index, par E. C. *Paris, Léon Willem*, 1873. (*En vente à la Librairie Ed. Rouveyre, 6, rue des Beaux-Arts.*) 1 vol. in-8 écu, orné de gravures fac-simile :

Tiré à 300 exemplaires sur papier de Hollande. Prix, 10   »
— à 25   —   sur papier de Chine.   *Épuisé*
— à 22   —   sur papier Wathman.   —

La réimpression abrégée, qui a été faite il y a quelques années, des poésies de Ferry Julyot ne supplée pas à la rareté de la première et, jusqu'à présent, seule édition de ce livre. On ne connaît que trois exemplaires, dont l'un incomplet, des *Élégies*. C'est d'après celui qui est intact à la Bibliothèque de Besançon, la ville natale de l'auteur, qu'ont été reproduits le texte et les gravures de la présente édition. L'original est ici rendu page pour page et mot pour mot; on a même poussé la fidélité jusqu'à respecter la division des cahiers de signature. En quelques endroits seulement la ponctuation irréfléchie et obscure du temps a subi des rectifications qu'on a, d'ailleurs signalées dans les Notes, afin de ne pas engager la liberté du lecteur, ce qui est le bon système. Les notes et l'index n'ont pas besoin de recommandation auprès de ceux qui connaissent — et tous le dévisageront sous ses initiales — la science historique et philologique de notre confrère M. E. C., non plus que l'intéressante dissertation de sa préface sur l'état de la presse bisontine au xvi° siècle.

C'est précisément à cause du petit nombre de personnes qui ont pu lire son œuvre — et encore par fragments — que Ferry Julyot n'a pas occupé jusqu'ici la place qu'il mérite parmi ses contemporains. Au surplus, sa vie, la tournure de son esprit, son style ne laissent pas de l'en distinguer réellement. Ni par ses relations, lui qui ne sortit guère de sa province et d'un cercle restreint d'aimables lettrés, ni par sa manière, il n'appartient à la pléiade. Il est de l'école des Willon et des Marot. S'il n'a pas la grâce souveraine de l'un et l'esprit de l'autre, il tient du premier la naïveté, du second la lucidité, gaulois comme tous deux, comme un troisième encore, qu'il précède, Régnier, dont il égale parfois la vigueur. Chez lui, la pensée n'est pas enfiévrée d'antiquité, le style n'a pas les prétentions gréco-latines qui ont inspiré tant d'amplifications aux poëtes de son siècle; il exprime simplement et avec sincérité des sentiments vrais, honnêtes et empreints d'une philosophie qui ne manque pas d'observations profondes et finies sur le cœur humain; ni d'idées générales, chose encore peu commune en ce temps où les hommes de lettres, surtout les poëtes, avalent sans choix tout ce que leur présente le passé, veillant plutôt à en tirer profit pour la langue que pour l'esprit. Ferry Julyot est un penseur, un poëte moraliste. Un peu plus dialoguées, les *Elégies de la belle fille* ne seraient-elles pas la plus charmante des *moralités* qui aient été écrites à la veille de la suppression de ce genre littéraire ?

Jules Bonnassies.

Catalogue N° 16

DE LA

LIBRAIRIE ANCIENNE ET MODERNE

DE

ÉDOUARD ROUVEYRE

Tous les Ouvrages annoncés sur mes Catalogues sont garantis complets et en bon état, à moins d'indications contraires.

1. **An** (l') deux mille quatre cent quarante, Rêve s'il en fut jamais (par Mercier). Londres, 1771. In-8 de 400 pages cart. Bradel.   6 »
   Les voitures. — Le nouveau Paris. — Les lanternes. — La Bibliothèque du roi. — Les gens de lettres. — Le Sallon. — Le cabinet du roi. — Des femmes. — Les gazettes. — l'Académie françoise, etc., etc.

2. **Anecdotes** ou Mémoires secrets sur la constitution *Unigenitus*, 1730. Petit in-8, rel. v. br.   3 »

3. **Apuleij** Madaurensis, metamorphoseon sive de Asino aureo Lib. XI. — Floridorum. Lib. III. — De deo Socratis. — Apologiæ. Lib. II. — De mundo sive de cosmographia. Lib. I. — Florentiæ, 1522. — In-8 de 550 pages, rel. vélin.   10 »
   Édition rare, imprimée en caractères italiques. Très-bel exemplaire.

4. **Art** d'obtenir des places ou la clef des ministères ; ouvrage dédié aux gens sans emploi, et aux solliciteurs de toutes les classes. Paris, 1817, in-8 cart. Bradel.   3 50

5. **Aubanel**. La Miougrano entreduberto (avec traduction littéraire en regard). Avignon, 1860. In-18 carré de 320 pages. Imprimé avec luxe sur papier de couleur.   3 »

6. **Avezac** (d'). Grands et petits géographes grecs et latins. *Esquisse bibliographique des collections qui en ont été publiées, entreprises ou projetées, etc.* Paris, 1856, 1 vol. in-8, br., neuf.   3 50

7. **Bibliothèque** de la reine Marie-Antoinette au petit Trianon, d'après l'inventaire original dressé par ordre de la Convention. Catalogue avec des notes inédites du marquis de Paulmy, mis en ordre et publié par Paul Lacroix. Paris, Gay, 1862, in-12 rel., toile.   10 »

8. **Baillière** (H.). Henri Regnault, 1843-1871. Avec un dessin à la plume. Paris, 1871, charmante plaquette in-18, br., neuf.   1 »

9. **Barbey d'Aurevilly**. Du Dandysme et de G. Brummell. Paris, Poulet Malassis, 1862, charmant vol. in-32, br., neuf.   2 »

10. **Barrois.** Dactylologie, et langage primitif restitué d'après les monuments. Paris, 1850, beau vol. gr. in-4, pap. de Hollande, demi-rel., maroq. rouge.   45 »

> Magnifique et important ouvrage. A l'aide de ce langage *prohellénique* on peut déchiffrer les inscriptions antiques et expliquer les monuments de l'antiquité. — Les hiéroglyphes sont des signes acrologiques, et le livre de M. Barrois nous apprend comment l'on peut lire *graphiquement* les inscriptions de l'obélisque de *Louqsor*, qui n'ont été jusqu'ici traduites qu'*idiologiquement*. Il nous donne aussi le fac-simile de deux précieux bas-relief, exhumés en 1844, d'un hypogée à Cercasoré, près du Nil. L'un est le portrait d'*Alexandre*, représenté de son vivant, peint en quatre couleurs, par Apelle, et le second, *la Captive dévouée au Nil*, autre bas-relief du même artiste.

11. **Beaumont-Vassy** (de). Les salons de Paris et la société parisienne *sous Louis-Philippe Ier et sous Napoléon III.* Paris, 1865-1868, 2 vol. in-18, de chacun 400 pages, br., neuf.   7 50

> Ouvrage orné de *Vingt-deux* portraits sur acier.

12. **Bellanger** (S.). Trois ans de promenades en Europe et en Asie. Paris, 1842, 2 vol. in-8, br., neuf, 900 pages.   5 50

13. **Cellérier.** Discours et nouveaux discours familiers d'un pasteur de campagne. Genève, 1820-1827, 8 vol. in-8, demi-rel. et coins, v.   14 »

14. **Bétencourt** (D. L. J. de). Les noms féodaux ou noms de ceux qui ont tenu fiefs en France, depuis le xiie siècle jusque vers le milieu du xiiie siècle. Réimpression fac-simile de l'édition rarissime publiée à Paris en 1826, et contenant plus de *Vingt mille* noms nobles. Cet ouvrage intéresse plus particulièrement les anciennes provinces d'Anjou, de l'Aunis, de l'Auvergne, du Beaujolais, du Berry, du Bourbonnais, du

Forez, du Lyonnais, du Maine, de la Manche, du Nivernais, de la Saintonge, de la Touraine, et partie de l'Angoumois et du Poitou. Cette réimpression a été faite en 1867, sur pap. vergé, et forme 4 vol. in-8. (Exempl. br., neuf.)   32 »

On trouve dans les « Noms féodaux, » la mention de plus de *vingt mille familles françaises*, par rapport aux terres ou seigneuries qu'elles possédèrent depuis le XIIe siècle jusqu'au XVIIIe. A cela sont joints les prénoms des cités nobles, leurs qualités et la date de leur existence; ce qui, pour les familles nobles et les généalogistes, est d'une incontestable utilité. L'édition que nous offrons ci-dessus était vivement désirée par la noblesse, par les savants, par les archéologues, car, depuis quelques années, c'est-à-dire depuis que les recherches sur l'histoire de France, sur les origines des familles nobles, ont pris rang parmi les questions les plus importantes de l'époque, tout le monde a reconnu la nécessité de posséder l'œuvre du bénédictin Bétencourt.

15. Bibliophile (le) illustré. Texte et gravures par J.-P. Berjeau. *Londres*, 1862, 1 vol. gr. in-8 de 200 pages environ. Imprimé avec luxe sur beau pap. vélin. Titre rouge et noir.   15 »

Magnifique ouvrage, qui malheureusement n'a pas été continué. Ce seul vol., *très-complet*, renferme 37 grav. sur bois (*reproduction fac-simile des premiers ouvrages xylographiques*). Des notices de MM. Paul Lacroix, G. Brunet, J. Holtrop, Inglis, A. Bernard, O. Delpierre, font de cet ouvrage un des principaux *guides* bibliographiques. L'ouvrage est terminé par une table des matières et une table des auteurs cités.

16. Bismark dévoilé. Conseils politiques du docteur Servus, de Berlin, à l'empereur d'Allemagne. Europe et Prusse. Réponse au docteur Servus à propos de l'entrevue des trois empereurs. Paris, 1870, in-18 de 100 pages, br., neuf. 1 »

17. Blavignac. Histoire de l'architecture sacrée du IVe au Xe siècle dans les anciens évêchés de Lausanne, de Genève et Sion. Lausanne, 1853, 1 vol. in-8, contenant 37 grav. et un atlas in-4 obl. de 82 planches.   24 »

Bel ouvrage publié à 65 fr.

18. (Angers). Arrest de la cour du parlement donné en l'audience de la grand'chambre: En la cause d'entre les Doyens, Chanoines et Chapitre de l'église cathédrale d'Angers et messire Ch. Miron, évêque d'Angers, et maistre Ch. Ogier, etc. *S. l.*, 1616, petit in-8, cartonn. Bradel, piqûre de vers.   8 »

Plaquette rare.

19. Boiteau. Les Cartes à jouer et la cartomancie. Paris, 1851, 1 vol. in-18, br.   4 »

Ouvrage illustré de 40 bois.

20. **Bonhomme** (H.). Piron, complément de ses œuvres inédites, — prose et vers — publié sur documents authentiques
et manuscrits autographes, avec une introduction et des
notes. Paris, 1866, petit in-8 de 400 pages, br., neuf.   3   »

21. **Bonté** et Mauvaistié des femmes (de la), par Jean de Mar-
conville, écuyer, gentilhomme percheron, 1 vol. in-18 de
gr. jésus, précédé d'une introduction et accompagné de notes
de M. F. Delaunay.

Tirage à 400 exemplaires papier vergé, numérotés....   6   »
    — à 50   —   papier de couleur —   8   »
    — à 25   —   papier Wathman — 10   »
    — à 25   —   papier de Chine — 12   »

22. **Bordas-Demoulin** et **F. Huet.** Essais sur la réforme
catholique. Paris, 1856, in-18 de 600 pages, br., neuf. 4 50

23. **Bourassé.** Archéologie chrétienne ou Précis de l'histoire
des monuments religieux du moyen âge. Tours, 1841, in-8
de 360 pages, demi-rel., v. f. (Bel exempl.)   5   »
    Nombr. vignettes.

24. **Brantôme.** Œuvres complètes, avec notes par Buchon.
Paris, 1853, 2 vol. gr. in-8, demi-rel., v.   12   »

25. **Brissot.** Voyage au Guazacoalcos, aux Antilles et aux
États-Unis. Paris, 1837, in-8 de 400 pages, br. neuf.   3   »
    Planches et cartes in-fol. gravées.

26. **Bulletin** de l'ami des arts (par MM. Brunet, Desbarolles,
de La Fizelière, Guighard, J. Janin, Ch. Nodier, etc.) Paris,
1843-1844, 2 vol. gr. in-8, br.   5   »
    Nombreuses planches.

27. **Burty.** Les Émaux cloisonnés anciens et modernes. Paris,
s. d., in-12, br., papier vergé.   5   »
    Planches en couleur.

28. **Bussierre** (de). Culte et pèlerinages de la très-sainte Vierge
en *Alsace.* Paris, Plon, 1873, in-8 de 400 pages, br.   4 50

29. **Élémens** de la philosophie de Neuton mis à la portée de
tout le monde, par M. de Voltaire. Amsterdam, 1738, in-8,
rel., v.   6   »
    Portrait, frontispice, vignettes et planches g. ravés.

30. **Cadet** le Jeune. Mémoires sur les jaspes et autres pierres

précieuses de l'isle de Corse. Bastia, 1785, 1 vol. in-8, demi-rel. (non rogné).   7   »

31. **Caractères** (Les) et les vignettes de la fonderie du sieur Delacolonge. Lyon, 1773, 1 vol. in-8, br.   6 50

32. **La Bruyère.** Les Caractères suivis des Caractères de Théophraste. Paris, *de Bure*, 1824, 3 vol. in-32, br. (Portrait gravé.)   8   »
    Très-rare.

33. **Castil-Blaze.** De l'Opéra en France. Paris, 1820, 2 vol. in-8, demi-rel. toile verte.   4   »

34. **Catalogue** des livres rares et curieux, la plupart imprimés sur peau vélin, et comprenant la bibliothèque de *M. E. Gaulier*, dont la vente a eu lieu le 2 déc. 1872 et les jours suivants. Gr. in-8 de 170 pages, br.   5   »
    Exempl. avec tous les prix d'adjudication.

35. **Catalogue** des livres rares et curieux comprenant la bibliothèque de *M. Ruggieri*, dont la vente a eu lieu le 3 mars 1873 et jours suivants. Gr. in-8 de 280 pages, br.   6   »
    Exempl. avec tous les prix d'adjudication.

36. **Catalogue** de la bibliothèque de M. N. Yemeniz, précédé d'une notice (de 64 pages) par Le Roux de Lincy. Paris, 1867, gr. in-8 de 844 pages.   8   »
    Ce catalogue, rédigé avec le plus grand soin, est suivi d'une *table alphabétique des noms d'auteurs et des ouvrages anonymes.* Cette vente a produit 689,764 fr. 50 c.
    Exempl. avec tous les prix d'adjudication.

37. **Catalogus** librorum qui in bibliothecâ Blandfordiensi reperiuntur. *S. l.*, 1812. Gr. in-4, imp. sur pap. vél., demi-rel. et coins, mar. rouge.   5   »

38. **Capefigue.** Histoire authentique et secrète des traités de 1815 dans leurs rapports avec la Restauration et la révolution de Juillet. Paris, 1847, in-8 de 330 pages, br., neuf.
                    3   ».

39. **Carriera Rosalba** (Journal de) pendant son séjour à Paris en 1720 et 1721, publié en italien par Vianelli, traduit, annoté et augmenté d'une biographie et de documents inédits sur les artistes et les amateurs du temps, par Alf. Sensier. 1 vol. in-12 de 574 pages, br.   6   »

40. Causes amusantes et connues. Berlin, 1759, 2 vol. pet.
in-8, rel., v. (Bel exempl.).   10 »

> Charmantes et curieuses fig. gravées. (Voir la fig. page 66.)
> La Communauté des chaircuitiers (*sic*) contre celle des pâtissiers. — Mémoire connu sous le nom de Mémoire de l'âne. — Les Carbonniers contre les savetiers. — Mémoire pour le pain béni. — *Des Lanternes de Paris.* — Pour la coiffure des dames de Paris. — Pour mademoiselle Petit, danseuse révoquée, complaignante au public. — Anecdotes, reparties, traits singuliers, etc. etc., etc.

41. Caylus et **Majault.** Mémoire sur la peinture à l'encaustique et sur la peinture à la cire. Genève, 1755, in-8, demi-rel., v. f., frontisp. gravé.   3 »

42. Céramiques (Les), ou les aventures de Nicias et d'Antiope, par M. de St S. Londres, 1760, 2 vol. petit in-8, rel., v.   3 50

43. Chabrol (de). Recherches statistiques sur la ville de Paris et le département de la Seine. Paris, 1826, fort vol. in-4, br.   4 50

44. Chapelain. La Pucelle ou la France délivrée. Paris, A. Courbé, 1656, in-fol. rel. v. f.   25 »

> Frontispice, portraits, planches in-fol. et vignettes gravés par A. Bosse. Bel exempl., sauf légère mouillure.

45. Chroniques, lois, mœurs et usages de la Lorraine, au moyen âge, recueillis par J. Bournons, publié pour la première fois. Nancy, 1838, in-8 cart. Bradel, non rog.   6 »

46. Choix de contes et nouvelles, traduits du chinois par Th. Pavie. Paris, Duprat, 1839, in-8 de 300 pages, br, neuf.
                                                             3 50

> Les Pivoines. — le Bonze sauvé des eaux. — Le Poëte Ly-Taï-Pe. — Le Lion de pierre. — La Légende du roi des Dragons. — Les Renards fées. — Le Luth brisé.

47. Christ. Dictionnaire des monogrammes, chiffres, lettres initiales, logogryphes, rébus, etc., sous lesquels les plus célèbres peintres, graveurs et dessinateurs ont dessiné leurs noms, traduit de l'allemand et augmenté de plusieurs suppléments. Paris, 1762, in-8, rel. v. (Pl. in-4 obl.)   12 »

48. Cicéron. Œuvres complètes publiées en français avec le texte en regard par J.-V. Leclerc. Paris, 1822 et suiv. 36 vol. in-18, dem.-rel. v.   60 »

49. Cléder. Notice sur l'Académie italienne des Intronati. Bruxelles, 1864, petit in-8 br., pap. vergé.   3 50

50. **Clément.** Philosophie sociale de la Bible. Paris, 1843, 2 vol. in-8, d'ensemble 900 pag., br., neuf.   5 »

51. **Collection** des moralistes anciens, publiée par M. Lefevre· — Morale de Chou-King.—Manou.—Pensées de l'empereur Marc-Aurèle Antonin, 2 vol. — Morale de Jésus-Christ, 2 vol. — Confucius. — Morale de Moïse. David, etc. — Morale de Zoroastre. Paris, Lecou, 1850-1851. Ensemble 9 vol. in-32 br.   18 »

52. **Collin de Plancy.** Légendes de la sainte Vierge. Paris, *s. d.*, beau vol. in-8 de 400 pag., br. neuf.   5 »
   Nombr. planches chromolithographiées.

53. **Conches** (Feuillet de). Léopold Robert, sa vie, ses œuvres et sa correspondance. Paris, 1848, fort vol. in-fol., dem.-rel· et coins maroq. orange, non rog.   15 »

54. **Noël** et **Planche**. Éphémérides politiques, littéraires et religieuses. Paris, 1803, 12 vol. in-8, cart. Bradel.   16 »
   Exemplaire interfolié.

55. **J. Lelong.** Bibliothèque historique de la France, contenant le Catalogue des ouvrages, imprimés et manuscrits, qui traitent de l'histoire de ce royaume, avec des notes critiques et historiques. Nouvelle édition revue, corrigée et augmentée, par Fevret de Fontette. Paris, 1769, 5 vol. in-fol., demi-rel., veau.   40 »
   Exemplaire en médiocre état. Les tomes 1, 4 et 5 sont fortement mouil-
   lés et rognés sur le côté.

56. **Correspondance** diplomatique de Bertrand de Salignac de la Mothe Fénelon, ambassadeur de France en Angleterre de 1568 à 1575, publiée pour la première fois, sur les manus-crits originaux, conservés aux archives du royaume, *avec des sommaires, des tables et un index général des matières,* par A Teulet. Paris, 1837, 7 beaux vol. in-8 br. (Exemplaire neuf.)   25 »
   Cette collection, composée de documents inédits, tous confidentiels et rela-
   tifs à une époque signalée par les plus grands événements, est d'une
   importance incontestable pour l'histoire du xvi⁰ siècle. On y trouve des
   renseignements nouveaux sur la guerre civile, les batailles de Jarnac et
   de Moncontour, la Saint-Barthélemy, le siége de la Rochelle, la conspi-
   ration de la Môle et Coconas, etc., en France; — la procédure contre
   Marie Stuart, la grande révolte de 1569, les démêlés avec l'Espagne, les
   projets de mariage d'Elisabeth avec les ducs d'Anjou et d'Alençon, le

procès et l'exécution du duc de Norfolk, etc., en Angleterre; la guerre
civile en Écosse, les affaires d'Allemagne et les guerres des protestants
contre le duc d'Albe dans les Pays-Bas.

57. **Courte** description des ordres des femmes et filles religieuses, contenant une petite relation de leur origine, de leurs
progrès et de leur confirmation avec les figures de leurs ha-
bits, gravées par M. Ad. Schoonenberk. Amsterdam, 1700, 1
vol. petit in-8, rel. v. bl.   20 »
> Bel exemplaire relié par Chatelain, orné d'un frontispice et de 90 planches
> finement gravées.
> Ex libris J.-B. Alderley.

58. **De Lescure.** Eux et elles. Histoire d'un scandale. Paris,
1860, in-18 de 137 pages, br.   5 »
> Titre rouge et noir.

59. **Delignières.** Catalogue raisonné de l'œuvre gravé de
J. Daullé, d'Abbeville, précédé d'une notice sur sa vie et ses
ouvrages. Paris, 1873, in-8 de xxviii et 138 pages. (Ex. neuf.)
                                                               5 »

60. **Delamarre.** Traité de la police, où l'on trouvera l'histoire de son établissement, les fonctions et les prérogatives de ses
magistrats, toutes les lois et les règlements qui la concernent.
On y a joint une description historique et topographique de
Paris, et huit plans gravés, qui représentent son ancien état
et ses divers accroissements, *avec un recueil de tous les statuts
et règlements des six corps marchands, et de toutes les commu-
nautés des arts et métiers.* Paris, 1729, 4 vol. in-fol. rel., v.
                                                               25 »

61. **Dictionnaire** général de la Cuisine française ancienne et
moderne, ainsi que de l'office et de la pharmacie domestique.
Ouvrage où l'on trouvera toutes les prescriptions nécessaires
à la confection des aliments nutritifs ou d'agrément, à l'usage
des plus grandes et des plus petites fortunes; publication qui
doit suppléer à tous les livres de cuisine dont le public n'a
que trop expérimenté le charlatanisme, l'insuffisance et l'obs-
curité; enrichi de plusieurs menus, prescriptions culinaires
et autres opuscules inédits de M. DE LA REYNIÈRE, *suivi d'une
collection générale des menus français depuis le douzième siècle,*
et terminé par une pharmacopée qui contient toutes les pré-
parations médicinales dont l'usage est le plus utile et le plus

familier. Paris, 1866, 3e édit., 1 gros vol. grand in-8 jésus à
2 col. br.   5 »

62. **Dictionnaire** portatif de mythologie pour l'intelligence
de poëtes, de l'histoire fabuleuse, des monuments historiques,
des bas-reliefs, des tableaux, etc. Paris, 1765, 2 vol. in-8,
d'ensemble 1200 pages, in-8, imp. à 2 col.   2 50

63. **Caricatures.** Het groote tafereel der dwaasheid, enz. (Le
grand tableau de la folie qui montre le commencement, le
progrès et la désastreuse fin du négoce d'actions qui se fai-
saient en France, en Allemagne et au Pays-Bas pendant
l'année 1720. Amsterdam, 1720, in-fol., veau.   50 »

> Monument des plus curieux de l'époque de toute la puissance de Law en
> France. Ce volume se compose de soixante-quatorze planches d'une
> grande beauté représentant toutes les folies qui se faisaient au moment
> où la France était inondée d'actions par le célèbre financier. Les plan-
> ches, la plupart en double du format du volume, sont très-spirituelles et
> également intéressantes par les sujets qu'elles représentent et pour les
> costumes du temps qu'on y trouve. Plusieurs planches sont tout à fait
> grotesques et scatologiques, sur une on trouve un jeu de cartes de 54
> personnages des plus originales, sur une autre on trouve un alphabet
> d'acrobates et de danseurs de cordes.

64. **Droz.** Essai de l'art d'être heureux, suivi d'un essai sur
Montaigne. Paris, Renouard, 1855, in-8, demi-rel., v. rose.
                                                             3 50

65. **Dubois.** Le Pantcha-Tantra ou les cinq ruses, fables du
Brahme Vichnou. — Sarma, aventures de Paramata, et autres contes, traduits pour la première fois sur les originaux
indiens. Paris, 1872, in-8 de 400 pages, br., neuf.   8 »

> Illustré de 13 eaux-fortes.

66. **Dulaurens.** Le Compère Mathieu ou les bigarrures de
l'esprit humain. Versailles, *s. d.*, 3 tomes en 1 vol. in-8,
demi-rel., v., fig. gravées.   8 »

67. **(Dulaurens).** Les Abus dans les cérémonies et dans les
mœurs. Genève, Pellet (Hollande), 1786, in-12, br., grand
papier vergé.   10 »

> Livre excessivement curieux. Au milieu des idées les plus hardies et
> parfois les plus paradoxales, au milieu des pensées neuves et avancées
> montrant le génie et la supériorité des talents de l'auteur et sa prodi-
> gieuse facilité satirique, l'intelligence reste saisie devant l'esprit et
> l'imagination incandescente de Dulaurens.

68. **Eichhoff.** Parallèle des langues de l'Europe et de l'Inde,
ou étude des principales langues romanes, germaniques, sla-
vones et celtiques comparées entre elles et la langue sans-
crite, avec un essai de transcription générale. Paris, impri-

merie royale, 1836, gr. in-4 de 500 pages, demi-rel., v., lavall.
(Très-bel exemplaire.)   26 »

69. **Eloge** de l'enfer, ouvrage critique, historique et moral. La
Haye, 1759, 2 vol. petit in-8, *papier fort*, rel. v. (Nombr. fig.,
fleurons et culs-de-lampe gravés.)   10 »

> Excellence de l'enfer. — Facilités qu'on a d'y aller. — Par qui sont occu-
> pées les premières places de l'enfer. — Portraits des moines, des avares,
> des damoiseaux et des petits-maîtres. — Ce qu'il en coûte aux coquettes
> et à leurs galants pour se damner. — Les enfers, séjour des sçavants,
> des artistes célèbres, etc. — Utilité de l'enfer. — Plaisirs dont on y
> jouit..., etc., etc.,

70. **Elegie** de ce qve la Lorraine a sovffert depvis qvelqves
annees, par pestes, famine, et gverres, sur l'elegie latine de
l'avtevr et par soy-même. Tesmoing oculaire d'une partie,
ayant sçeu le reste de ceux qui habitoient les villes et villages,
et de ce qui s'en disoit commuenément. Mis soubs la presse, la
paix faicte, etc. Nancy, 1660, in-4, cart. Bradel, n. rog. 7 »

> Réimpression à petit nombre.

71. **Espion** chinois (l'), ou l'envoyé secret de la cour de Pékin
pour examiner l'état présent de l'Europe. Cologne, 1774, 6
vol. in-12, rel., v.   12 »

> Recueil curieux d'anecdotes du XVIIIe siècle. Chaque volume est accom-
> pagné d'une *table des matières* très-détaillée et contenant chacune
> 24 pages environ. — Détails peu curieux des curiosités de Paris. —
> Stupide curiosité des habitants de cette ville. — Ridicule amusant des
> dames de Lyon. — Tableau des cafés de Paris. — Habillement des
> Françaises. — Les attraits des femmes en France. — La manufacture
> des Gobelins. — Idée du tapage de Paris. — Carte topographique et
> description historique de toutes les parties de l'Opéra de Paris. — Écrits
> scandaleux. — Luxe des livres en France. — Libraires en France, gens
> sans esprit. — Manufactures de porcelaines. — Dissertation sur les an-
> ciennes académies qui sont à Paris, etc., etc. — Arrêté par ordre du
> Roi, l'auteur, Louis Dubourg, fut conduit à l'abbaye du mont Saint-
> Michel ; il y fut enfermé dans une de ces cages de fer comme Louis XI
> en avait fait construire en 1471. Après avoir subi plusieurs interroga-
> toires, le malheureux Dubourg se laissa mourir de faim, le 26 août 1746.

72. **Episode** de l'histoire de la censure occulte sous le second
Empire, servant d'appendice aux *Heures parisiennes* d'Alfred
Delvau, par Julien Lemer, 1 vol. in-18 de gr. jésus, accom-
pagné de lettres autographes et d'un beau portrait d'Alfred
Delvau, tiré à un petit nombre d'exemplaires.   10 »

Le même ouvrage sur papier vergé, tiré à cent exemplaires numérotés.   15 »

73. **Esquiros** (Al.). De la Vie future au point de vue socialiste.
Marseille, 1850, in-8, cart. Bradel, non rogn.   3 »
> Forte tache d'encre.

74. **Essais** philosophiques sur l'homme, ses principaux rapports et sa destinée, fondés sur l'expérience et la raison, suivis d'observation sur le beau. Saint-Pétersbourg, 1822, in-8 de 400 pages, br., neuf.   3.50

75. **Essai** satirique sur les vignettes, fleurons, culs-de-lampe et autres ornements de livres. Traduction libre de l'allemand. Paris, *Ed. Rouveyre*, 1873, petit in-8, impr. sur papier vergé de Hollande, et orné d'une eau-forte. Titre rouge et noir. Couverture parchemin.   8 »
> Tiré à 200 exemplaires numérotés. Epuisé.

76. **Étude** critique et bibliographique des œuvres d'Alfred de Musset, pouvant servir d'appendice à l'édition dite de souscription. Paris, 1867, plaq. gr. in-8, impr. avec luxe sur papier vergé de Hollande et tiré à petit nombre.   2 »

77. **Fauris de Saint-Vincens.** Mémoires sur les bas-reliefs qui décorent les dehors des murs et la partie extérieure du chœur de l'église de Notre-Dame à Paris. Paris, 1815, in-8, cart. Bradel, pl. in-4.   2 50

78. **Féré** (O.). La Comédienne amoureuse. Illustrations par H. Rousseau. Paris, 1870, petit in-8 de 300 pages, br., neuf.   7 50
> Exemplaire sur papier de Hollande et tiré à 30 exemplaires.

79. **Fêtes** des bonnes gens de Canon et des rosières de Briquebec. Avignon, 1777, in-8, rel. v. (Mouill.)   3 »

80. **Fontanier.** Voyage dans l'archipel indien. Paris, 1852, in-8, br. neuf (360 pages).   4 50

81. **Fournier** (Ed.). Notice sur Dulaure. *S. l., s. d.*, gr. in-8 de 50 pages, br. neuf.   1 50

82. **Fournier.** Nouveau dictionnaire de bibliographie contenant plus de 20,000 articles des livres rares, curieux et recherchés, etc., précédé d'un précis sur les bibliothèques et la bibliographie. Paris, 1809, in-8 de 600 pages imp. à 2 colonnes, rel. v. rac. (Bel exemplaire.)   6 »

83. **Frémy** (A.). La révolution du journalisme. Paris, 1866, in-8 de 400 pages, br., neuf.   4 »

84. **Gaffarel**. Curiositez inovyes sur la sculpture talismanique
des Persans. — Horoscope des patriarches et lecture des
estoilles. *S. l.*, 1650, 2 pl. in-4, in-8, cart. Bradel.   10 »
> Réimpression clandestine d'un ouvrage bien connu, dont la première
> édition avaitparu avec privilége du roi en 1629 (Paris, Du Mesnil, in-8) et
> s'étaitévanouie sous les foudres théologiquesdela Sorbonne. J. Gaffarel,
> bibliothécaire du cardinal de Richelieu, fit amende honorable en désap-
> prouvant les propositions hardies que les sorbonistes avaient découvertes
> dans son livre, qu'on voulait supprimer, et que la librairie de colpor-
> tage se chargea de répandre sous le manteau en le faisant réimprimer à
> Rouen et à Lyon. (Voir une longue notice sur cet ouvrage. Bull. du
> bibliophile, 1859, page 839, N° 466.)

85. **Gagnière** (A.). Histoire de la Presse sous la Commune,
du 18 mars au 24 mai 1871. Paris, 1872, 1 vol. gr. in-18
jésus., br.   3 »
> La première partie est une appréciation individuelle du rôle de la presse
> sous la Commune et l'histoire du Comité central et de la Commune.
> La seconde partie contient un travail bibliographique et descriptif enre-
> gistrant tous les journaux parus pendant la Commune avec les extraits
> des principaux articles.
> (Il n'existe pas sous le rapport des journaux de catalogue plus complet.)

86. **Gazaei** (Ch.). Orationes declamationes fragmenta. Insunt
ineditæ orationes duae. Curante Jo. Fr. Boissonade. Parisiis,
1846, in-8 de 300 pages, br., neuf.   3 50

87. **Genoux** (Cl.). Mémoires d'un enfant de la Savoie, suivis de
ses chansons. Nouvelle édition, *augmentée d'une partie entièrement inédite avec préface de Béranger*. Paris, 1870, in-18 de
400 pages, broché, neuf.   3 »

88. **Genty** (Collection Ach.). Les œuvres poétiques françoises de
Nicolas Ellain parisien (1561-1570). Paris, 1861. — Pour la
monarchie de ce royaume contre la division, par J. Vauquelin, sieur de la Fresnaye (1536-1607). Paris, 1862. — L'art
poétique de J. Vauquelin (1536-1607). Paris, 1862. — La
fontaine des amoureux de science composée par J. de la
Fontaine, de Valenciennes, en le comté de Hénault; poëme
hermétique du xve siècle. Paris, 1861.—Les œuvres poétiques
en patois percheron de P. Genty, maréchal-ferrant (1770-
1821), précédé d'un essai sur la parenté des langues. Paris,
1863. Ensemble 5 vol. in-12, carré, br.   10 »

89. **Gomont**. Geoffroy Chaucer, poëte du xive siècle. Analyses
et fragments. Paris, 1847, in-18 br., neuf (300 pages). 3 »

90. **Goncourt** (Ed. et J. de). Gavarni. L'homme et l'œuvre.

Paris, 1873, beau vol. in-8, br., neuf, enrichi du portrait de Gavarni, gravé à l'eau-forte par Flameng et d'un *facsimile*.   8 »

91. **Gourgues** (de). Noms anciens des lieux du département de la Dordogne. Bordeaux, 1861, grand in-8, cart. Bradel, non rogné.   5 »

92. **Gravillon** (A. de). A propos de bottes, avec un eau-forte et 85 croquis à la plume. Paris, 1865, in-8 de 172 pages, br., neuf. (Titre rouge et noir.)   3 »

93. **Gravures** sur bois tirées des livres français du xve siècle. Paris, 1868, pl. texte in-4, dans un carton.   25 »
   Ouvrage intéressant composé de 75 planches comprenant 324 fig.

94. **Graesse** (G. Teh.). Trésor des livres rares et curieux ou nouveau dictionnaire bibliographique contenant plus de cent mille articles de livres rares, curieux et recherchés, d'ouvrages de luxe, etc., avec les signes connus pour distinguer les éditions originales des contrefaçons qui ont été faites, des notes sur la rareté et le mérite des livres cités et les prix que ces livres ont atteints dans les ventes les plus fameuses, et qu'ils conservent dans les magasins des bouquinistes les plus renommés de l'Europe. Dresde, 1858-1868, 7 volumes in-4, br.   373 »

95. **Grenet.** Hist. et institution de Boulogne-sur-Seine. Paris, 1869, in-8 de 130 pages, br., neuf.   2 »
   Planches.

96. **Guiffrey.** Table générale des artistes ayant exposé aux salons du xviiie siècle, suivie d'une table de la bibliographie des salons, précédée de notes sur anciennes expositions et d'une liste raisonnée des salons de 1801 à 1873. Paris, 1873, petit in-8, imp. sur pap. vergé.   10 »

97. **Haller.** Conseils pour former une bibliothèque historique de la Suisse. Berne, chés (sic) la société typographique, 1771, in-8 de 168 p., rel. v.   6 »
   Haller avait eu le projet de faire une notice abrégée des meilleurs historiens de la Suisse, il s'est contenté de publier un extrait d'un ouvrage allemand « Versuch eines Verzeichnisses aller schriften so die Schweiz betreffen » (1759-70, 6 vol in-8). Personne avant lui, excepté Elie Bertrand (voy. le *Journal helvétique*, 1779-272-86) n'avait encore soumis à un examen critique et comparé les écrits qui existaient alors sur l'histoire de la Suisse.

98. **Hanstein** (Ch.). Souvenirs d'un voyage en Sibérie, trad. du norvégien, par Colban. Paris, 1857, in-8 de 400 pages, br., neuf.   4 »
> Carte in-fol. gravée.

99. **Holbein** (H.). Todtentanz (*danse des morts*), in 52 Getreu nach den Holzschnitten lithographirten Blattern-Herausgegeben von J. Schlotthauer-Mit erklarenden Texte. Munchen, 1832.   12 »
> (76 pages de texte et suite de 53 planches, *premier tirage*.)

100. **Imitatione** (de) Christi libri quatuor. Paris, 1858, charmant volume in-64, impr. en *caractères microscopiques*, broché.   5 »

101. **Imposteurs**. Traité des trois imposteurs : Moïse, Jésus et Mahomet. — *De tribus impostoribus, anno M.D.IIC. Paris*, 1598-1861, vol. in-18, br., *papier vergé, tiré à cent cinquante exemplaires*.   6 »
> C'est la seule traduction *littérale* et *textuelle* en français du célèbre ouvrage *De tribus impostoribus*, — *livre rarissime* qui a tant occupé les bibliographes et les savants. On doit remarquer que toutes les diverses éditions (en français) du *Traité des trois Imposteurs*, parues à différentes époques jusqu'en 1861, ne sont nullement la traduction du *De tribus impostoribus*, mais tout simplement la prose plus ou moins modifiée d'un ouvrage intitulé : *Esprit de Spinosa*.
> On a joint à ce curieux ouvrage une *Notice hypothétique* sur l'auteur et son œuvre, d'après Brunet, et une *Dissertation historico-philosophique sur Moïse, Jésus* et *Mahomet*, par un autre bibliophile érudit.

102. **Jacob** (Bibliophile). Les Secrets de nos pères. — L'Art de conserver la beauté. Paris, 1858, in-32, br., neuf.   2 50
> Charmant volume, exemplaire imprimé sur papier bleu.

103. **Jacob** (Bibliophile). Ma République. Paris, *s. d.*, in-12, br.   4 »
> Volume devenu peu commun. Un chapitre spécial est consacré aux bouquinistes, aux étalagistes, aux épiciers, aux bibliomanes et aux amateurs de vieux livres.

104. **Jeu** (Le) de trictrac rendu facile pour toute personne d'un esprit juste et persévérant, ouvrage contenant des règles et des tables entièrement nouvelles, etc., par J. A. Paris, 1852, 2 vol. in-8 d'ensemble 600 pages, br., neuf.   6 »

105. **Matinées** (les) du roi de Prusse, écrites par lui-même. A Berlin, 1766, in-12, cart. Bradel.   6 »
> Édit. originale. Rare.

106. Jourdain (Amable). Recherches critiques sur l'âge et l'origine des traductions latines d'Aristote, et sur les commentaires grecs ou arabes employés par les docteurs scolastiques. Nouvelle édition, revue et augmentée par Ch. Jourdain. Paris, 1843, 1 vol. in-8 d'environ 500 pages, br. 6 »

> *Excellent ouvrage, qui fut couronné par l'Académie des Inscriptions et Belles-Lettres.* Ce livre, d'une savante érudition, d'un travail original et d'une profondeur consciencieuse, a obtenu un succès universel. L'Allemagne surtout, par les voix autorisées de Héeren et de Stahr, l'a proclamé le premier des ouvrages de son genre.

107. Jubinal. Une lettre inédite de Montaigne, accompagnée de quelques recherches à ce sujet, précédée d'un avertissement suivi de plusieurs fac-simile et de l'indication détaillée d'un très-grand nombre de soustractions et mutilations qu'a subies, depuis un certain nombre d'années, le département des manuscrits de la Bibliothèque nationale. Paris, 1850, in-8 de 116 pages, br. 2 50

> Cette publication, composée de trente feuilles in-8, est accompagnée de deux fac-simile in-folio, représentant, le premier, la lettre originale de Montaigne, autographe de trois pages adressé à Henri IV en 1590, et resté inconnu depuis lors; l'autre, une signature nouvelle de Montaigne et deux passages de deux catalogues appartenant au département des manuscrits. L'un de ces passages représente une tache d'encre (qui est devenue aussi célèbre que celle de P.-L. Courier), et qui était destinée à cacher l'enlèvement d'une pièce des plus importantes, imprimée et autographiée dans la *Galerie française* en 1821, mais disparue depuis de la Bibliothèque nationale. (Voir le n° 158.)

108. Journal de *Jean Grivel*, seigneur de Perrigny, contenant ce qui s'est passé dans le comté de Bourgogne pendant l'invasion française et lorraine de l'année 1595 ; — publié d'après le manuscrit original, et accompagné de notes, éclaircissements, etc. Lons-le-Saulnier, 1865, in-8 de 170 pages, br., neuf. 3 50

> Tiré à petit nombre.

109. La Boétie (E. de). De la servitude volontaire (1548), avec une préface par F. de Lamennais. Paris, 1835, in-8, br.
  3 50

> Rare.

110. Laborde (Comte de). Description des nouveaux jardins de la France et de ses anciens châteaux. Paris, 1808-1815, gr. in-folio, br., non r. 30 »

> Bel ouvrage illustré de 130 planches représentant diverses vues des jardins de Méréville, de la Malmaison, Mortfontaine, Ermenonville,

Saint-Leu, Mousseaux, Tracy, Le Plessis-Chamant, Le Raincy, Trianon, le Désert de Monville, Maupertuis, Crillon, Lormoy, Prulay, Bel-Œil, Rambouillet, Jouy, etc.

111. Lacroix et **Fournier**. Histoire de l'imprimerie et des arts et professions qui se rattachent à la typographie. — Calligraphie, enluminure, parcheminerie, librairie, gravure sur bois et sur métal, papeterie, reliure, etc. Paris, *s. d.*, gr. in-8 de 160 pages, cart. Bradel.   6 »

Nombreuses planches noires et coloriées.

112. Lambert (Gustave). Étude sur l'organisation administrative des États, ou Mémoire à l'appui des propositions à soumettre au chef de l'État, au gouvernement et au sénat. Paris, 1862, gr. in-8 de 950 pages, br., neuf.   5 »

113. Lamothe le Vayer de Boutigny. Tarsis et Zélie. Paris, 1774, 3 vol. gr. in-8, *br. non rognés.*   18 »

Très-belle édition ornée de trois frontispices par Eisen, Cochin, Moreau, trois fleurons sur les titres et vingt vignettes par Eisen.

114. Lance (A.). Dictionnaire des architectes les plus célèbres. Paris, 1873, 2 vol. gr. in-8, br., d'ensemble 800 pages environ.   25 »

Imprimé avec grand soin, cet ouvrage contient plus de quinze cents notices. Le texte est accompagné de planches reproduisant un grand nombre de sceaux et de signatures autographes d'architectes.

Ce dictionnaire est précédé d'un essai historique sur la profession d'architecte; il est terminé par une table alphabétique et analytique des matières, comprenant les noms des personnages, des lieux, des édifices, etc., mentionnés dans le cours de l'ouvrage.

115. Lancosne-Brèves (de). La Vérité à cheval. Paris, 1843, gr. in-8, cart. Bradel, non rogné.   5 »

Dessins d'Eugène Giraud et de Ph. Ledieu, gravés par Gagnon et imprimés sur chine.

116. Laurency (E.). Études sur la spiritualité. Notes progressives, précédées d'une lettre de Victor Hugo. Paris, *s. d.*, in-18 de 500 pages, br., neuf.   3 »

117. La Vicomterie (L.). Les Crimes des rois de France depuis Clovis jusqu'à Louis XVI. Paris, 1791, in-8 de 400 pag., rel., v.   3 50

Planche gravée.

118. Lawrance. Guy Livingstone ou à outrance, traduit par Ch.-Bernard Derosne. Paris, 1861, in-8 de 430 pages, br., neuf.   3 50

119. Leblanc de Ferrière. Paris et ses environs. Description historique, statistique et monumentale, contenant un aperçu de l'état ancien et de l'état actuel de Paris; la description détaillée de toutes les communes situées autour de la capitale, dans un rayon de quatre lieues et demie, et une carte spéciale des environs décrits. Paris, 1838, gr. in-8 de 500 pages, imp. à 2 col., cart. Bradel, non rogné.   5 »

120. Le Fevre-Deumier. Célébrités d'autrefois. Essais biographiques et littéraires. Paris, 1853, in-18 de 380 pages, br.   2 50
Le comte de Rivarol, — l'abbé Maury, — Carloman de Rulhière, — l'abbé Bernis, — Bailly, — Lamotte-Houdart.

121. Légat (Le) de la vache à Colas, par de Sedege, complainte huguenote du xvie siècle, précédée d'une Introduction et accompagnée d'une glose d'Orléans, par Emmanuel Vasse. Paris, 1868, petit in-8 (titre rouge et noir), imp. sur papier vergé.   3 »

122. Lelut. Lettre sur J.-E. Dumonin, poëte célèbre du xvie siècle, né à Gy. Paris, 1840, in-8 de 64 pages.   2 50

123. Lettre sur l'exposition des ouvrages de peinture, sculpture, etc., de l'année 1747, et en général sur l'utilité de ces sortes d'expositions. S. l., 1747, in-8, demi-rel., v., lavall.   5 »
Frontispice gravé.

124. (Toul et Ligny en Barrois.) Arrest de la cour du parlement, donné en la grand'chambre, le lundy 16 de may 1611, en la cause d'entre les doyen, chanoines et chapitre de l'église collégiale Notre-Dame de Ligny en Barrois, contre M. Jehan des Porcelets, Euesque de Toul, etc. Petit in-8, cart. Bradel.   5 »
Exemplaire piqué et mouillé.

125. Lowndes. The bibliographer's manual of English literature, containing an account of rare, curious, and useful Books, etc.; with bibliographical and critical notices, collations of the rarer articles, etc. London 1857 à 1864, 5 tom. en 10 vol., cart. Bradel, non rognés.   50 »

126. Malo (Ch.). Panorama d'Angleterre, ou éphémérides an-

glaises, politiques et littéraires. Paris, 1817, 2 vol. in-8,
demi-rel., v.   5 »

> Portraits et planches en couleur gravés. Curieuse notice des mœurs et
> usages de nos voisins d'outre-Manche. La planche in-4, grav. et col.,
> est une caricature intitulée : Ordre des Chevaliers de la Bombe.

127. **Mansfeld** (A.). Napoléon III, traduit de l'allemand. Paris,
1860, 2 fort vol. gr. in-8, br., neuf.   5 »

> Bel ouvrage orné de 3 gravures sur acier et de 43 gravures sur bois.

128. **Manuscrit** (le) venu de Ste-Hélène, apprécié à sa juste
valeur. Paris, 1817, in-8, cart. Bradel.   2 50

129. **Pasquier** (Estienne). Les recherches de la France. Re-
veues et augmentées de quatre liures. Paris, 1596, in-fol. de
800 pages, cart. Bradel.   15 »

> Edition rare, ornée de fleurons, vignettes et lettres ornées. Une table des
> « sommaires des chapitres traitez és Recherches de la France » commence
> cet ouvrage et un « Répertoire des sommaires et matières contenues en
> cest oeuuvre » de 32 pages, imprimées à 2 colonnes et contenant environ
> trois mille noms d'hommes et de lieux, le termine. (Bel exemplaire.)

130. **De Saur** et **St-Génies**. Les Aventures de Faust et sa
descente aux enfers. Paris, 1825, 3 vol. petit in-8, br. 2 50
> Planches gravées.

131. **Marivaux** (de). La vie de Marianne ou les aventures de
Mme la comtesse de ***. Londres, 1782, 4 vol. in-32, *format
Cazin*, rel., v. fil., tr. dor.   10 »

> Charmantes figures par Chevaux. Ouvrage estimé de 20 à 25 fr. (Voir
> Cohen, Guide de l'amateur de livres à vignettes.)

132. N° vendu pendant l'impression du Catalogue.

133. **Mary-Lafon**. Tableau historique et littéraire de la langue parlée dans le midi de la France et connue sous le nom
de langue romane provençale. Paris, 1842, gr. in-18 de 335
pages.   4 »

> La décision de l'Institut, qui a honoré cet ouvrage d'une médaille, qui
> en constate en quelque sorte officiellement l'utilité et le mérite, nous
> dispense d'exprimer ici une opinion qui pourrait au moins sembler
> indiscrète, sinon présomptueuse; nous nous contentons de rappeler ce
> fait, en ajoutant que le livre est terminé par un *appendice bibliogra-
> phique* de plus de 100 pages, qui renferme l'indication d'un assez
> grand nombre d'ouvrages écrits en patois ou relatifs au patois.

134. **Mary-Lafon**. Histoire politique, religieuse et littéraire du
midi de la France, depuis les temps les plus reculés jusqu'à
nos jours. Paris, 1845, 4 vol. in-8, d'ensemble 2000 pages,
br., neuf.   12 »
> Cartes grand in-folio gravées.

135. **Matter.** Lettres et pièces inédites ou *rarissimes* des personnages éminents dans la littérature et la [politique, du xe au xviiie siècle, avec les annotations et les commentaires de M. Matter, inspecteur général des bibliothèques de France. Paris, 1846, in-8 de 450 pages, br.   7 50

> Cet ouvrage, éminemment curieux, contient entre autres : Catalogue d'une collection de livres du xie siècle sur les sept arts libéraux ; Livres d'une maison d'études religieuses à la fin du xiiie siècle (Marguerite de Flandre); Bibliothèque d'une maison religieuse du xve siècle; Bibliothèque d'un homme d'État du xviiie siècle (cardinal de Richelieu) ; Lettres de Louis XI, Marguerite de Valois, Charles-Quint, Marie Stuart, Henri III, Henri IV, Louis XIII, Charles Ier, Descartes, Ménage, mademoiselle de Scudéry, Chapelain, Colbert, Louis XIV, mademoiselle de la Vallière, Scarron, madame de Maintenon, Louis XV, Voltaire, Buffon, Diderot, etc., etc.

136. **Maurice** (Ch.). Histoire anecdotique du théâtre, de la littérature et de diverses impressions contemporaines, tirée du coffre d'un journaliste. Paris, 1856, 2 vol. in-8 de chacun 400 pages, br., neuf.   6 »

> Nombreux autographes.

137. **Merian** (Gasp.). Topographia Galliæ, dat is lant, en plactsbeschryving van Vranckryck. Amsterdam, 1660, 4 vol. in-fol. v. (Bel exempl.) Nombr. gravures.   100 »

> Ouvrage recherché à cause des planches dont il est orné, et qui représentent les vues des villes de France et de monuments, reproduction fidèle des choses telles qu'elles se trouvaient à l'époque où écrivait l'auteur.

138. **Mémoires** *de mistriss Bellamy*, actrice du théâtre de Covent-Garden, avec une notice sur sa vie *par M. Thiers*. Paris, 1822, 2 vol. in-8, d'ensemble 800 pages, br.   6 »

139. **Mémoires** secrets pour servir à l'histoire de la république des lettres en France, depuis 1762 jusqu'à nos jours 1787 (par Bachaumont, Pidanzat de Mairobert, Moufle d'Angerville et autres). Londres, *Juhn Adamson*, 1780-89, 36 tomes en 18 vol. in-12, dem.-veau.   50 »

140. **Mensaert.** Le Peintre amateur et curieux ou description des tableaux des plus habiles maîtres, qui sont l'ornement des églises, couvents, abbayes, prieurés et cabinets particuliers dans l'étendue des Pays-Bas Autrichiens. Bruxelles, 1763, 2 tomes en 1 vol. petit in-8, rel., v. (Frontispice gravé.)   5 »

141. **Méray** (A.). La Vie au temps des Trouvères, croyances,

usages et mœurs intimes des xie, xiie et xiiie siècles, d'après les lois, chroniques, dits et fabliaux. Paris, 1873, in-8 de 330 pages, impr. sur pap. vergé de Hollande et tiré à petit nombre.   7 50

142. **Subtilités** (les) de la librairie parisienne. La bande noire et la révision. *S. l.*, 1864-1865, in-8 de 280 p., br. 10 »
Ouvrage curieux tiré à 125 exemplaires.

143. **Michaud** et **Poujoulat**. Correspondance d'Orient, 1830-1831. 7 vol. in-8. — POUJOULAT. Voyage dans l'Asie Mineure, en Mésopotamie, à Palmyre, en Syrie, en Palestine et en Égypte, faisant suite à la *Correspondance d'Orient*. 1841, 2 vol. in-8. Ensemble 9 vol. br.   15 »

144. **Michelet**. La Bible de l'humanité. Paris, Chamerot, 1864, beau vol. in-12, vél., de 500 pages, br.   3 50
Voici les titres de quelques chapitres les plus curieux : Idéal. — La femme colombe-poisson. — Astarté. — Sémiramis, Loth, Myrrha. — Furie orgiastique. — Le clergé de Cybèle, ses papes, ses mendiants, capucins de l'antiquité. — Bacchus, l'ami bachique. — Le médiateur d'amour. — Le Cantique des cantiques; son caractère. — La Syrienne. — Esther, la juive. —Les juives vendues et louées partout. — La femme-prêtre. — Marie. — La Madeleine. — Thécla, Lyda, Phœbé. — Puissance de la femme-prêtre, etc., etc.

145. **Milet**. Céramique normande. Priorité de l'invention de la porcelaine à Rouen, en 1673. Rouen, 1867, br. petit in-8, imp. à 100 exempl. (épuisé).   2 »

146. **Milet**. Histoire d'un four à verre de l'ancienne Normandie. Paris, 1873, in-8 de 50 pages, br., neuf.   2 50

147. **Millaud** (Alb.). Petite Némésis, avec une préface par Jules Richard. Paris, 1870, in-8 de 250 pages, imp. sur pap. vergé de Hollande, titre rouge et noir.   3 »

148. **Minet**, poëme. Amsterdam, au Matou couronné. 1736, plaq. in-8, br.   2 50
Titre sali.

149. **Moerenhout**. Voyages aux îles du grand Océan, contenant des documents nouveaux sur la géographie physique et politique, la langue, les mœurs, etc. Paris, 1837, 2 forts vol. in-8, br., neuf.   6 »
Cartes et planches.

150. Molini. Operette bibliografiche. Firenze, 1858, in-8 de 400 pages, br., neuf.   4 50

> Annali della tipografia all' insegna di Dante, fondata dal Molini. — Alcune aggiunti e correzioni *al Panzer, Annales typographici.* — Alcune aggiunti e correzioni fatte al *Manuel du Libraire et de l'amateur de livres,* par *Ch. Brunet,* etc., etc.

151. Mollien. Voyage dans l'intérieur de l'Afrique. Paris, 1822, 2 vol. in-8 de chacun 400 pages, br., neuf.   6 »

> Cartes et vues.

152. Mollien. Voyage dans la république de Colombia en 1833. Paris, 1825, 2 vol. in-8 de chacun 320 pages, br., neuf. 6 »

> Planche de vues et de costumes.

153. Monmerqué. Théâtre français au moyen âge, publié d'après les manuscrits de la bibliothèque du roi (xie-xive siècles). Paris, 1839, fort vol. gr. in-8, br.   7 50

154. Montesquieu. OEuvres avec les notes de tous les commentateurs. Édition publiée par L. Parrelli. Paris, Lefevre, 1826, 8 vol. in-8, demi-rel., v.   25 »

> Reliure fatiguée.

155. Morin. Essai sur la vie et le caractère de J.-J. Rousseau. Paris, 1851, in-8 de 600 pages, br., neuf.   4 »

156. Nicaise (A.). Études historiques. Paris, *s. d.*, in-8, cart. Bradel, non rogné.   3 50

157. Nicola, e **Luigi Santapaulina.** L'arte del cavallo. Divisa in tre libri. In Padoua, 1696, in-4, rel., v.   4 50

158. (Montaigne.) Encore une lettre de Montaigne accompagnée d'une lettre à M. Jubinal, par Lepelle de Bois-Callais. Br. in-8.   1 75

> Planche in-fol. (Voir le n° 107.)

158 *bis*. Sand (Maurice). Masques et Bouffons, comédie italienne. Paris, 1862, 2 beaux vol. gr. in-8, demi-rel. et coins maroq., tête dorée, non rog.   35 »

> Bel ouvrage illustré de 50 dessins de Sand, gravés et coloriés avec soin.

159. Notice des peintures et sculptures placées dans les appartements du palais de Saint-Cloud. Paris, 1844, in-8 de 230 pages, br.   2 »

160. Observations sur les arts et sur quelques morceaux de peinture et de sculpture exposés au Louvre en 1748. Leyde, 1748, in-18, demi-rel., v., lavall.   5 »

161. **Œuvre** (L') **originale de Vivant Denon**, ancien directeur général des musées. Collection de 315 eaux-fortes dessinées et gravées par ce célèbre artiste. Réunion formant l'album le plus complet et le plus varié pour l'étude de la gravure à l'eau-forte, avec une notice très-détaillée sur sa vie intime, ses relations et son œuvre, par Alb. de la Fizelière. Paris, 1873, 2 superbes vol. gr. in-4. (Exemplaire neuf en livraisons.)   165 »

Exemplaire de souscription et premières épreuves *avant le numérotage.* Cette curieuse collection se décompose ainsi :
Estampes d'après les tableaux de différents maîtres, 74 pl. — Sujets de l'invention de Denon, 38 pl. — Portraits de peintres des écoles anciennes, 49 pl. — Portraits de particuliers, 63 pl. — Costumes français de la Convention, 8 pl. — Portraits de quelques célèbres graveurs, 24 pl. — Caprices gravés pour cartes de visites, 11 pl. — Sujets tirés des voyages de Denon en Égypte, 12 pl. — Médailles composées par Denon, 6 pl. — Sujets galants et priapées, 27 pl. — Pièces ajoutées par l'éditeur pour illustrer la notice, 3 pl. — Ensemble 315 pl. gr. in-4 et in-folio.

162. **Ouvaroff.** Étude de philologie et de critique. Paris, 1845, gr. in-8 de 400 pages, br., neuf.   3 »

163. **Paris** et ses curiosités, avec une notice descriptive des environs de Paris. Paris, 1808, 2 tomes en 1 vol. petit in-8, dem.-rel., v. rouge.   4 »

Peu commun.

164. **Parnassiculet** (le) contemporain, 1 joli vol. in-8 de gr. jésus, orné d'une très-surprenante eau-forte. — 2e *édition augmentée de neuf pièces inédites* ; tirage sur papier vergé de Hollande.   5 »

Quelques exemplaires sur papier de couleur; trois épreuves de l'eau-forte, en noir, en bistre et en sanguine.   7 50

165. **Passage** (du) et Route que tiennent les Reistres et Allemans, estans repoussez par le duc de Lorraine. — Protestation du duc de Lorraine contre l'invasion des Allemans. Réimpression d'après l'édition de Lyon (1587). Brochure petit in-8 (collection de curiosités historiques et littéraires), tirée à 200 exemplaires papier vergé, numérotés.   2 »

20 exemplaires sur papier de couleur.   3 »

12 exemplaires sur papier de Chine.   4 »

166. **Patria.** La France ancienne et moderne, morale et matérielle, ou collection encyclopédique et statistique de tous les faits relatifs à l'histoire physique et intellectuelle de la France

et des colonies, par MM. Bourquelot, Chassérian, Lalanne, Laouandre, Vaudoyer, Desportes, etc., etc. Paris, 1847, 2 vol. petit in-8 d'ensemble 3000 pages imp. à 2 col.   12 »

> Véritable monument pour l'étude de l'histoire de France, cet ouvrage est terminé par un index alphabétique contenant environ *quatre-vingt-dix mille noms d'hommes, de lieux, etc.* — Géographie. — Botanique. — Navigation. — Commerce. — Administration. — Blason. — Histoire. — Histoire littéraire. — Architecture. — Renaissance. — Peinture. — Sculpture. — Céramique. — Art musical. — Gravure, etc., etc.

167. Payen (le docteur). Montaigne (recueil de documents sur). 1° Notice bibliographique sur Montaigne, avec deux suppléments. Paris, 1837, 1 vol. in-8, br. 2° Documents inédits sur Montaigne, Éphémérides et autres pièces autographes et inédites de Michel de Montaigne et de sa fille Éléonore. Paris, Janet, 1855, in-8, br. 3° Recherches sur Michel Montaigne, correspondance relative à sa mort. 24 pages in-8 avec 4 pl. de fac-simile, br. 4° Recherches sur l'auteur des épitaphes de Montaigne, lettres à M. le doct. Payen par Reinhold Dezemeris. (Tirage à petit nombre pour le doct. Payen, br. de 84 pages et fac-simile.) 5° Recherches sur Montaigne, documents inédits n° 4. Examen de la vie publique de Montaigne, par Grun. — Lettres et remontrances nouvelles. — Bourgeoisie romaine. — Maison d'habitation et tombeau à Bordeaux, vues, plans, cachets. — Fac-simile, Raimon-Sébon. — Réponse à M. Gust. Brunet. Paris, Techener, 1858, in-8, papier vergé tiré à petit nombre. (Ce vol. cont. 10 pl.)   25 »

168. Peignot (G.). Répertoire bibliographique universel, contenant la notice raisonnée des bibliographies spéciales publiées jusqu'à ce jour, et d'un grand nombre d'autres ouvrages de bibliographie, relatifs à l'histoire littéraire, et à toutes les parties de la bibliographie. Paris, Renouard, 1812, in-8 de 500 pages, br.   10 »

169. Pensées de Publius Syrus et distiques de Caton, traduits en distiques français par E. Souesme. Paris, 1870, gr. in-8 de 300 pages, br., neuf.   3 50

> Beau vol. imp. avec luxe sur papier vél. Titre rouge et noir.

170. Petit (traité) contre l'abominable vice de paillardise et adultère qui est aujourd'hui en coustume, et comme chose indifférente de s'en abstenir ou non entre les mondains qui ne

sentent que la terre. La Haye, 1625. Réimpression à 200 ex.,
pap. vergé, titre rouge et noir.   3 50

> Le « traité contre la paillardise et l'adultère » est une pièce très-rare et
> fort curieuse, tant sous le rapport du sujet traité, que sous celui du
> style. C'est une espèce de sermonnaire en faveur du mariage des moines
> et autres religieux.

171. **Pétrarque.** Poésies traduites en vers par C. Esménard du
Mazet. Paris, 1848, in-8 de 400 pages, br., neuf.   2 50

172. **Pfister.** Histoire d'Allemagne depuis les temps les plus
reculés jusqu'à nos jours, d'après les sources, avec deux cartes ethnographiques ; trad. de l'allemand par Paquis. Paris,
Janet et Cotelle, 1838. 11 vol. in-8, br. neuf.   20   »

173. **Pfnor** (R.). Ornementation usuelle de toutes les époques
dans les arts industriels et en architecture, 140 pl. dont 24 en
chromo-lithographie avec texte illustré. 2 vol. in-4, publié
à 60 fr.   25   »
La reliure, demi-maroq. du Levant.   6   »

> Le but de cette publication est d'offrir aux architectes, aussi bien qu'aux
> sculpteurs, peintres, décorateurs, ciseleurs, ébénistes, marbriers, bijou-
> tiers, orfévres, relieurs, à tous ceux enfin qui s'occupent de l'art propre-
> ment dit, ou de l'art appliqué à l'industrie, de bons modèles d'orne-
> mentation choisis dans les monuments et les objets d'art de toutes les
> époques.

174. **Pfnor** (R.). Monographie du château d'Anet, construit par
Philibert de l'Orme en 1548, dessinée, gravée et accompagnée
d'un texte historique et descriptif. La monographie du château d'Anet se compose de 58 planches, dont 2 en chromo-
lithographie et d'un texte illustré. 1 vol. in-fol., publié à
150 fr.   75   »

175. **Pierquin** de Gembloux. Des Patois et de l'utilité de leur
étude. Paris, 1841, in-8, br., neuf.   6   »

176. **Planet** (H.). Dieu d'après la foi. Paris, 1869. Beau vol. gr.
in-8 de 300 pages, imp. sur fort papier vél.   4 50

177. **Polinka Saxe,** roman de Drouginine suivi de « la demoi-
selle paysanne, » nouvelle de Pouchkine, traduit du russe par
A. Claeys. Bruxelles, 1872, petit in-8 de 230 pages, br. neuf.
                                                           3 50

> Tiré à 125 exemplaires numérotés.

178. **Pontani** (J.) Amorum lib. II. — De amore conjugali III.

— Tumulorum II. — Lyrici I. — Eridanorum II, etc. Floren-
tiae, 1514, 2 tomes en 1 vol. in-8, rel. vél. 12 »
  Bel exemplaire d'un livre de toute rareté, imprimé en caractères
  italiques.

179. **Rochefort** (H.). Les petits mystères de l'hôtel des ventes.
Paris, *s. d.*, in-18 de 300 pages, br. 5 »
  Peu commun.

180. **Prost** (B.). Traité du duel judiciaire, relation de pas
d'armes et tournois, par Olivier de la Marche, Jean de Villiers,
seigneur de l'Isle-Adam, Hardouin de la Jaille, Antoine de la
Sale, etc. Paris, 1873, gr. in-8 de 260 pages, imp. sur papier
vergé de Hollande et tiré à 400 exempl. num. 10 »
  Magnifique ouvrage illustré d'un fac-simile.

181. **Quérard.** Les Supercheries littéraires dévoilées. Ga-
lerie des écrivains français de toute l'Europe qui se sont
déguisés sous des anagrammes, des astéronymes, des crypto-
nymes, des initialismes, des noms littéraires, des pseudo-
nymes facétieux ou bizarres, etc. — 2e édition augmentée,
publiée par MM. Gustave Brunet et Pierre Jannet. — Suivie du
Dictionnaire des ouvrages anonymes, par A. A. Barbier, 3e
édit. revue par M. A. Barbier, etc. Prix des 9 premières livraisons. 90 »
  L'ouvrage complet en formera 10 ou 12.

182. **Queyras** (de). Nouvelle physiologie du mariage ou de
l'ignorance du mari et des déceptions de l'épouse. Paris, 1866,
in-8 carré de 225 pages, br., neuf. 3 »

183. **Raffenel.** Voyage dans l'Afrique occidentale, comprenant l'exploration du Sénégal, de la Falémi, des mines d'or
de Keniéba, etc., etc. Paris, 1846, gr. in-8 de 500 pages, br.,
neuf, et atlas in-4. 8 »

184. **Raillerie** universelle dédiée aux curieux de ce temps, en
vers burlesques. Paris, 1699, petit in-8, neuf. 4 »
  Réimpression, imprimée sur papier vergé de Hollande, tirée à 162 exemplaires et précédée d'un avertissement par Ch. V. S.

185. **Ramée.** Histoire de l'architecture en France, depuis les
Romains jusqu'au xvie siècle. Illustré de 71 vignettes sur bois.
Paris, 1846, 1 vol. in-18, br., neuf. 3 »

186. Recueil factice de contes et facéties, *imprimées à Troyes, au commencement du* XVIIIe *siècle.* Ensemble 30 pièces en 2 vol. *in-12 et 1 vol. in-8*, cart. Bradel, non rognés. (Titre au dos de chaque volume.) 15 »

L'enfant sage à trois ans. — La grande confrairie des saoûls d'ouvrer et enragés de rien faire. — L'arrivée du brave toulousain, et le devoir des braves compagnons de la petite manicle. — L'état de servitude ou la misère des domestiques. — La peine et misère des garçons chirurgiens. — Fameuse harangue faite en l'assemblée générale des savetiers. — Le miroir des femmes. — Testament sérieux et burlesque d'un maître savetier. — Le magnifique et superlicoquentieux festin, etc., etc.

187. Recueil de pièces en prose, les plus agréables de ce temps. Composées par diuers autheurs. Impr. à Orléans etse vend à Paris, 1660, 3 vol. in-12, rel., v. (Bel exempl.) 30 »

Les loix de la galanterie. — Les amours de Vénus. — Billets doux ou billets galants. — Almanach d'amour pour l'an de grâce mil-six cens cinquante-neuf. — La loterie d'amour. — Dialogue des yeux et de la bouche, etc., etc.

188. Réflexions sur les avantages de la libre fabrication et de l'usage des toiles peintes en France, pour servir de réponse aux divers mémoires des fabriques de Paris, Lyon, Tours, Rouen, etc., sur cette matière. Genève, 1758, petit in-8 de 220 pages, rel., v. 3 »

189. Relation du monde de Mercure. Genève, 1750, 2 tomes en 1 vol. in-18, rel., v. 3 50

Violente satire des mœurs du XVIIIe siècle.

190. (Reliure.) Magnifique couverture de livre, gr. in-8, maroq., fil., ornements à petits fers et médaillons avec les lettres M et D, entrelacées et également dorées à petits fers, doubl. de tabis, dent. int. 5 »

191. Revue rétrospective, ou archives secrètes du dernier gouvernement (publiée par Taschereau). Paris, mars 1848, gr. in-8, demi-rel., v. f. (Bel exempl.) 35 »

Collection complète de 31 N^{os} (et table) devenus fort rares. Les documents qu'elle contient sont tous extrêmement curieux et de la plus haute importance pour l'histoire du règne de Louis-Philippe et de la Révolution qui l'a suivi. Pour que l'on puisse en juger, nous en citerons ici quelques-uns : *Affaire du 12 mai 1839 (complot).* — *Rapport de police sur la Contemporaine.* — *Dépenses accidentelles et secrètes en Algérie, acquittées en France.* — *Procès de la Revue rétrospective.* — *Placement fait par Louis-Philippe en France et à l'étranger.* — *Publications anarchiques de l'année 1846.* — *Lettre de Louis-Philippe à l'occasion de la mort du duc d'Enghien.* — *Dénonciation à Louis-Philippe contre le duc d'Orléans. — Mazzini et la police française. — Attentats Lecomte et Henri. — Correspondance de Don Carlos avec Louis-Philippe. — Fonds secrets. — Lettre du général Bréa.— Lettre du duc de Nemours au prince de Joinville.* On sait que les sombres prévisions, exprimées dans cette dernière lettre, ne tardèrent pas à se réaliser.

192. Richelet. Dictionnaire françois, contenant les mots et les choses. Genève, J. H. Widerhold. (Impr. du château de Dullier, au pays de Vaud.) 1680, 2 vol. in-4, rel., bas.   50   »

> Edit. originale. Vendu 127 fr. vente Luzarche. — L'exemplaire que nous offrons ci-dessus *est couvert de notes manuscrites d'un haut intérêt philologique.* Pour amples détails et citations, nous renvoyons au Catalogue Luzarche, n° 1925; Catalogue Bigillion, n° 1340; Catalogues Rouveyre, n° 1247 et n° 4593.

193. Rondeault et *vers d'amour*, par Jehan Marion, poëte Nivernais du xvi° siècle, publiés par M. Blanchemain. Paris, 1873, beau vol. in-8, br., neuf.   7 50

> Edition tirée à 100 exemplaires et entièrement épuisée. Exemplaire sur papier de Hollande.

Le même ouvrage, exemplaire sur papier de Chine.   16   »

194. Salles (J.-B.). Charlotte Corday, tragédie en cinq actes et en vers. Publiée pour la première fois d'après le manuscrit original avec une lettre inédite de Barbaroux, par M. Georges Moreau-Chaslon. 1 vol. in-4, orné de plusieurs fac-simile, imprimé sur papier vergé.   5   »

Le même ouvrage, imprimé sur papier de Chine.   12   »

195. Salverte. Essai historique et philosophique sur les noms d'hommes, de peuples et de lieux, considérés principalement dans leurs rapports avec la civilisation. Paris, 1824, 2 vol. d'ensemble 970 pages, br.   10   »

196. Santeüilliana ou les bons mots de Monsieur de Santeüil avec un abrégé de sa vie. La Haye, 1718, in-18, rel., v., br.   4   »

> Bel exemplaire.

197. Satyre d'un curé picard, sur les vérités du temps, par le Révérend père ***, jésuite. Avignon, 1754, petit in-8, cart. Bradel.   12   »

> XX pages pour l'épître (en patois) à l'archevêque, l'explication des mots difficiles et 98 pages de texte. Jolie édition bien imprimée. *Bel exemplaire d'un précieux document pour le patois picard.*

198. Saurin. Sermons choisis, sur divers textes de l'Écriture sainte, édition annotée et publiée par M. Ch. Weiss, auteur de l'histoire des réfugiés protestants de France, avec une notice sur la vie et les écrits de J. Saurin. Paris, 1854, in-18 de 450 pages, br., neuf. 3 »

199. **Savornin.** Notice sur les faits et particularités qui se rattachent à la chapelle expiatoire de Louis XVI et de la reine Marie-Antoinette. Paris, 1865, in-18 de 350 pages, br., neuf.

3 »

Planches.

200. **Schweighaeuser.** Explication du plan topographique de l'enceinte antique appelée le mur païen, située autour de la montagne de St-Odile, dans le département du Bas-Rhin, etc. Strasbourg, 1825, in-8, br. 3 50
Ouvrage devenu peu commun et accompagné d'une carte double grand in-folio.

201. **Semilion.** Histoire véritable divisée en deux parties. Amsterdam, 1716, petit in-8, rel., v. 3 »
Dans le même volume: Boscobel, ou abrégé de ce qui s'est passé dans la retraite mémorable de S. M. Britannique après la bataille de Worcester. Rouen, 1676.

202. **Sermons** facétieux ou ridicules et anecdotes curieuses sur les prédicateurs. Paris, s. d., in-8 de 270 pages, br., neuf. (*Impr. sur papier de couleur.*) 15 »
Tiré à 100 exempl. épuisé et rare. — Sermon de M. Saint-Pou. — Sermon en faveur des cocus. — Chanson des cocus. — Sermon en patois de Tourcoing. — Sermon hygiénique sur les six espèces de vents. — Etc., etc.

203. **Sharp.** OEuvres, contenant la magie blanche dévoilée. — Supplément à la magie blanche. — Testament de Jérôme Sharp. — Petites aventures de Jérôme Sharp. — Codicille de Jérôme Sharp. Paris et Bruxelles, 1792-1793, 5 ouvrages, en 2 vol. in-8, demi-rel., v. 18 »

204. **Siéges de Troyes** par les jésuites, ou mémoires et pièces pour servir à l'histoire de Troyes pendant le xvii° siècle, précédés du discours de Jean Passerat, troyen, prononcé au collége royal de Paris en 1594. Paris, 1826, in-18 de 280 pages, br. 4 »

205. **Silvestre** (Théophile). Histoire des artistes vivants français et étrangers, études d'après nature, illustrée de 11 magnifiques portraits pris au daguerréotype et gravés sur acier; introduction et notes par de Virmond. Paris, Blanchard, 1856, 1 vol. gr. in-8, papier vélin. 7 »

Ingres, Eugène Delacroix, Corot, Chenavard, Decamps, Barye, Diaz, Courbet, Préault, Rude. Les notices sont suivies de l'œuvre de chaque artiste, catalogué par L. de Virmond. On joint à ce volume les portraits suivants sur acier, qui sont inédits : David d'Angers, Cornélius, Rousseau, Paul Delaroche, Devéria.

206. **Table** générale et méthodique des mémoires contenus dans les recueils de l'Académie des inscriptions et belles-lettres et de l'Académie des sciences morales et politiques, par E. de Rozière et E. Chatel. Paris, 1856, in-4 de xxviii et 383 pag.   25 »

> La collection des mémoires de l'Académie des inscriptions remonte à l'année 1717, et depuis cette époque, tous les savants, français et étrangers, n'ont cessé de consulter ce précieux répertoire, et de mettre à profit les travaux importants qu'il renferme. Mais les recherches dans les nombreux volumes publiés par l'Académie étaient longues et difficiles. Les tables publiées à la fin du siècle dernier, par de l'Averdy, étaient devenues très-rares et forcément incomplètes. M. de Rozière, dans l'édition qu'il a publiée, a refondu entièrement le travail de l'Averdy; il a pris pour base le système de classification bibliographique adopté par Brunet, et dans l'ouvrage dont nous venons de donner le titre, il a donné la table de quatre-vingt-huit volumes.

207. **Testut** (O.). L'Internationale et le jacobinisme au ban de l'Europe. Paris, 1872, 2 beaux vol. grand in-8, d'ensemble 1000 pages, br., neuf.   7 »

208. **Texier** de la Pommeraye. Relation du siége et du bombardement de Valenciennes, en mai, juin et juillet 1793. Douai, 1839, in-8, cart. Bradel, non rogné.   3 50

209. **Théâtre** (le) de la foire ou l'opéra-comique, contenant une partie des pièces qui ont été représentées aux foires de Saint-Germain et de Saint-Laurent. Paris, 1721-1734, 10 vol. petit in-8, rel. v. (rel. fatiguée).   20 »
Nomb. fig. et musique gravées.

210. **Thiery**. Almanach du voyageur à Paris, contenant une description exacte et intéressante de tous les monuments, chefs-d'œuvre des arts, et autres objets de curiosité que renferme cette capitale. Paris, 1784, in-8 de 600 pages, demi-rel.   5 »

211. **Tisserant** (H.). Plaidoyer pour ma maison, simple causerie théâtrale avec une postface, par Jules Janin. Paris, 1866, in-18 carré, imp. *soit sur papier rose, soit sur papier vert, soit sur papier vergé de Hollande.*   3 »

212. **Traité** de la confiance chrétienne ou de l'usage légitime des veritez de la grâce, etc. *S. l.*, 1781, in-8, rel. maroq, n. fil. tr. doré. 2 50

213. **Voyage** littéraire de deux bénédictins de la congrégation de Saint-Maur ; où l'on trouvera : 1° plusieurs pièces, inscriptions, épithaphes servantes à éclairer l'histoire, et la généalogie des anciennes familles ; 2° plusieurs usages des églises cathédrales et des monastères, touchant la discipline et l'histoire des gaules ; 3° les fondations de beaucoup de monastères, et une infinité de recherches curieuses et intéressantes qu'ils ont faits, dans près de *cent évéchez* et huit cent abbayes qu'ils ont parcouru (par dom Martine et dom Durand). Paris, 1717-1725, 2 vol. in-4, rel., v., f. 50 »
Bel exempl. Ouvrage enrichi de figures.

214. **Triomphe** (le) de Son Altesse Charles III, duc de Lorraine, etc., à son retour dans ses États. Nancy, 1664, gr. in-fol., cart. Bradel, non rogn. 10 »
Réimpression à petit nombre, planches in-fol. et grand in-fol. gravées.

215. **Trois lettres d'Alix de Champé**, dame de Vendières, au duc de Lorraine Raoul-le-Vaillant, 1338-1346, et de l'abbaye de Beaupré, sépulture Ducale. Nancy, 1838, in-4, cart. Bradel, non rog. fig., vig., lettres ornées. 5 »
Tirage à 100 exemplaires.

216. **Vallières** (L. de). Les Faiblesses d'une jolie fille. Illustration par H. Rousseau et Gourdon, gravées par L. Prevost. Paris, 1870, petit in-8 de 270 pages, br., neuf. 7 50
Exemplaire sur papier de Hollande et tiré à 30 exemplaires.

217. **Variétés** philosophiques et littéraires. Londres, 1762, petit in-8, rel., maroq. rouge, fil., tr. dor. (Bel exemplaire). 8 50
Ce petit volume contient des articles très-intéressants, entre autres : «Paris tel qu'il fut, ou sur les monuments historiques qu'on y trouve. » « Paris futur, ou du moins Paris tel qu'on souhaite qu'il devienne. » Etc.,

218. **Vichy-Sévigné**, Vichy-Napoléon, ses Eaux, ses Embellissements, ses Environs, son Histoire, par Albéric Second, suivi d'une notice scientifique et médicale sur les eaux minérales de Vichy. Dessins par Hubert Clerget ; gravures par Dumont et Gusmand. 1 vol. in-fol. obl., en feuilles. 8 »

219. **Villars** (de). Notices sur Luigi et Federico Ricci, suivies

d'une analyse critique de Crispino La Comare. Paris, 1866,
in-18, br., pap. vergé de Hollande.   2 »

220. (**Vincennes.**) Arrest donné en l'audience de la grand'-
chambre le jeudy 10 juillet 1608 au profict des Religieus (*sic*)
correcteur et conuent (*sic*) des minimes du Bois de Vincennes, pour la dixme de vin en espece, à raiso de six pintes
pour muy, comme elle est deué et se paye par les habitants
ordinaires du village de Montreuil. Plaquette in-8, cart.
Bradel.   6 »

    Piqûre dans la marge du bas.

221. **Viollet-le-Duc.** Six mois de la vie d'un jeune homme
pauvre (1797). Paris, 1853, in-18 cart. Bradel. non rog. 6 »

222. **Violet-le-Duc.** Catalogue (raisonné) des livres composant
sa *bibliothèque poétique*, avec des Notes bibliographiques, biographiques et littéraires sur chacun des ouvrages catalogués,
une *introduction* explicative, et un *coup d'œil* sur les *vieux
poëtes et conteurs*. Paris, 1847, in-8, br.   6 »

    Ce catalogue est bien plutôt une *Bibliographie des livres spéciaux,* étant
    chansons, fabliaux, contes en vers et en prose, facéties, pièces comi-
    ques et burlesques, dissertations singulières, aventures galantes, amou-
    reuses, prodigieuses; comme dit l'auteur-amateur, son curieux catalo-
    gue ne se compose que de bouquins qui ont acquis une valeur extrava-
    gante, c'est-à-dire qui sont montés aux enchères publiques à des prix
    fous. On y trouve des notes et des appréciations tout à fait nouvelles et
    originales, surtout aux œuvres comiques, aux contes plus ou moins
    lestes, aux traités et contes singuliers et facétieux, aux histoires comi-
    ques et satiriques...

223. (**Voltaire**). Examen et réfutation des éléments de la philosophie de Neuton de M. de Voltaire, avec une dissertation
sur la reflexion et la refraction de la lumière, par J. Barriè-
res. Paris, 1739, in-8, rel. maroq. rouge, fil., tr. dor. (rel.
ancienne.)   10 »

    Bel exemplaire. Charmantes vignettes gravées.

224. **Voyage** en Lorraine de l'Impératrice et du Prince impérial, précédé du voyage de l'Impératrice à Amiens, texte par
Félix Ribeyre, album enrichi des portraits de l'Impératrice
et du Prince impérial, dessinés par H. de Montaut, gravés
au burin par A. Nargeot ; d'une grande composition de Meis-
sonnier représentant le défilé des populations lorraines, gravée à l'eau-forte par Jacquemart, et de 41 dessins de Philip-
poteaux, Giacomotti, Compte-Calix, H. de Montaut, E.

Bayard, G. Janet, H. Clerget, Férat, Catenacci, Reiber et Thérond. 1 magnifique vol. in-fol. obl., en feuilles, 8 »

225. **Voyage** en Algérie de Napoléon III, par Florian Pharaon, illustré par A. Darjou. 1 vol. in-fol. obl., en feuilles. 8 »

226. **Voyage** de Figaro en Espagne. A Séville, 1820, petit in-8 de 120 pages. 2 50
> Curieuse satire. Lire les chapitres suivants: Imprimeurs. — Mariages. — Courtisanes. — L'Académie. — Danses, etc.

227. **Portefeuille** *de l'Ami des Livres.*
> La grande Joie du père Duchesne. — Le plaisant Discours d'un médecin savoyart. — Estresnes de l'asne. — Des marques des sorciers et de la réelle possession que le diable prend sur le corps des hommes. — Louenge de la victoire du tres chrestien roy de France obtenue en la conqueste de la ville et cité de Napples. — Histoire horrible et espouuantable de ce qui s'est fait et passé au fauxbourg Saint-Marcel, a la mort d'vn miserable qui a esté deuoré par plusieurs diables transformez en dogues, et ce pour avoir blasphémé le sainct nom de Dieu et battu sa mère. — Histoire tragique d'un jeune gentilhomme et d'vne grand'dame de Narbonne, en laquelle on recognoistra les ruses des femmes, à deceuoir les jeunes hômes. — Discours véritable d'un usurier de Remilly en Sauoze.

Ensemble 8 pièces in-8, br. Réimpression à petit nombre et tiré sur papier vergé. 18 »

FAIENCES, ÉMAUX,
Carrelages, Mosaïques.

228. **Ardant.** Émailleurs limousins. — Les Penicaud, les Vitalis, les Limosins, les Poillevé, les Guibert, les Courteys, Notices biographiques. Chaque : 1 »

229. **Aubert.** Mosaïques de la cathédrale d'Aoste. In-4 avec 2 planches, dont une double. 4 »

230. **Barbet de Jouy.** Mosaïques chrétiennes de Rome. 1 v. in-8. 6 »

231. **Decorde.** Pavage des églises dans le pays de Bray. In-8 avec une planche. 1 75

232. **Deschamps de Paz.** Essai sur le pavage des églises, antérieurement au xv⁰ siècle. In-4 avec 5 pl. coloriées. 14 »

233. **Fleury** (Ed). Pavage émaillé dans le département de l'Aisne. In-4 avec 201 gravures sur bois. 8 »

234. **Heider.** Der Altaraufsutz zu Klosterneuburg. Le rétable

de Klosterneuburg, œuvre d'émail du xii⁰ siècle, dessiné par
A. Camesina. 1 vol. in-4, contenant 42 planches.   45 »

235. **Lasteyrie** (F. de). Bernard Palissy. Étude sur sa vie et
ses œuvres. Grand in-8.   2 50

236. **Lasteyrie** (F. de). L'Électrum des anciens était-il de l'é-
mail ? In-8.   3 »

237. **Linas** (C. de). Émaux champlevés de l'école Lotharin-
gienne. Notice sur un reliquaire des religieuses Ursulines
d'Arras. In-4 avec 5 pl. dont 3 en couleur.   25 »

238. **Longuemar** (de). Notice descriptive sur quelques poteries antiques découvertes à Poitiers. In-8 avec 2 pl.   2 25

239. **Loriquet** (C.). Mosaïques trouvées à Reims. Étude sur les
mosaïques et les jeux de l'amphithéâtre. 1 vol. in-8 avec
18 planches.   20 »

240. **Payan-Dumoulin** (de). Antiquités gallo-romaines découvertes à Toulon (Allier), et réflexions sur la céramique
antique. Grand in-8 avec 4 planches.   4 »

241. **Quast** (De) et **de Verneilh.** Émaux d'Allemagne et
émaux limousins. In-8.   3 »

242. **Ramé.** Notes sur quelques épis en terre cuite des xiie et
xive siècles. In-8.   1 25

243. **Salles** (J.). Étude sur Bernard Palissy, sa vie et ses travaux, précédée de recherches sur l'art céramique. In-12.   2 »

244. **Tainturier.** Terres émaillées de Bernard Palissy, inven-
teur des rustiques figulines. Études sur les travaux du maître
et de ses continuateurs, suivies d'un catalogue de leurs œuvres.
In-8 avec planches.   8 »

245. **Verneilh** (F. de). Émaux français et étrangers. Mémoire
en réponse à M. de Lasteyrie. In-8 avec 2 planches.   3 75

246. **Wallet.** Description d'une crypte et d'un pavé-mosaïque
de l'ancienne église de Saint-Bertin, à Saint-Omer. Texte
in-4 et album in-fol. de 8 planches.   20 »

247. **Wallet.** Description d'un pavé de l'ancienne cathédrale
de Saint-Omer. Texte in-4 et album in-fol. de 10 planches
coloriées.   40 »

EN PRÉPARATION :

Contes de La Fontaine, édition dite des FERMIERS-GÉNÉRAUX. 2 vol. in-8, avec 84 planches en taille-douce, dessinées par *Eisen*, gravées par *Longueil*.

Ces magnifiques planches, chefs-d'œuvre du xviiie siècle, méritaient d'être restaurées et republiées pour conserver aux générations futures un spécimen de l'élégance et de la délicatesse de nos maîtres en gravure. Cet art du burin est tellement oublié, que l'éditeur a trouvé avec la plus grande peine seulement deux hommes capables de retoucher ces planches avec le soin qu'elles exigent. Il ose affirmer que les épreuves qu'on en obtiendra pourront rivaliser avec le premier tirage. Les plus beaux culs-de-lampe de cette même édition seront reproduits sur bois et tirés avec le texte.

Le premier volume paraîtra au mois de mars 1874, et le deuxième à la fin de la même année. L'impression sera faite en caractères elzéviriens.

Tirage à 1002 exemplaires, savoir :

500 in-8 couronne, papier vergé fabriqué exprès, fig. avant l'encadrement : 80 fr. l'exemplaire.

300 in-8 carré, papier vélin à la forme, fabriqué exprès, fig. avant l'encadrement des *Fermiers-généraux* : 120 fr. l'exemplaire.

150 in-8 carré, papier de Chine fort, trié feuille par feuille, pour n'y laisser aucun défaut : 150 fr. l'exemplaire.

50 in-8, papier Whatman : 200 fr. —

2 in-8 carré, peau de vélin : 200 fr. —

Il est nécessaire de souscrire dès à présent (*sans rien payer d'avance*) si l'on veut être assuré d'avoir le papier que l'on désire.

DÉSIDERATA.

Histoire amoureuse et badine du Congrès d'Utrecht.
Pièces concernant le congrès d'Utrecht.
Basnage. Histoire des Provinces-Unies.
Querelles littéraires, 1761, 4 vol.
Canel. Recherches sur les jeux d'esprit, 1867, 2 vol.
Delisle. Classes agricoles en Normandie.
Ch. Nodier. Expédition des portes de fer.
Montfaucon. Antiquités, *supplément* 5 vol.
Saurin. Sermons sur la bible, 6 vol. in-fol.

Le Propriétaire-Gérant,

ED. ROUVEYRE.

Imp. Eugène HEUTTE et Cᵒ, à Saint-Germain.